AF261634

MESSIRE

GUILLAUME POYET

CHANCELIER DE FRANCE.

MESSIRE

UILLAUME POYET

CHANCELIER DE FRANCE

PAR

Mr. ARMAND PARROT

Secrétaire de la section des Lettres et des Arts de la Société Académique de Maine-et-Loire,
Membre de l'Institut historique de France,
de la Société Française d'Archéologie pour la conservation des monuments historiques,
de la Société des Sciences historiques et naturelles de l'Yonne,
de la Société Archéologique de Touraine,
de la Société d'Émulation du Jura,
de la Société des Études d'Avallon, etc.

PARIS

E. DENTU, LIBRAIRE

Palais Royal, galerie d'Orléans, 17 et 19.

—

1867

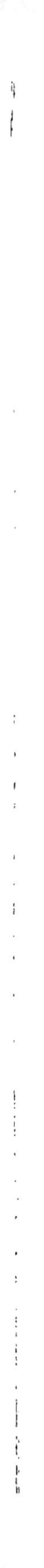

MESSIRE

GUILLAUME POYET

CHANCELIER DE FRANCE.

———

« Tout mortel porte au front comme un bélier mutin
« Un signe blanc ou noir frappé par le Destin. »

Dans le modeste manoir des Granges, près de Saint-Rémy-la-Varenne, en Anjou, naquit au mois d'avril 1474, le chancelier de France Guillaume Poyet.

Ce savant légiste, l'une des illustrations de la magistrature française, appartenait à une ancienne famille originaire de la ville d'Angers. Son père, Guy Poyet, sieur de Jupilles, y remplissait les fonctions d'avocat, d'échevin perpétuel, ainsi que celles de juge de la mairie et police de la ville; sa mère était Marguerite Hellaud, dame de Vallières. Il avait pour frère aîné, Pierre Poyet, sieur des Granges, d'Escharbot et des Hoges, lieutenant général du sénéchal d'Anjou, qui décéda le 21 février 1543, en occupant pour la quatrième fois les honorables fonctions de maire d'Angers. Une de ses sœurs, Guillemine Poyet, avait épousé sire Jean Bouvery, sieur de Lausserie, connétable de la ville d'Angers, promu également au mairat, et duquel elle eut plusieurs enfants. L'aîné,

Gabriel Bouvery, fut évêque d'Angers et se signala par ses persécutions contre les protestants[1].

La fortune de Guillaume Poyet devint plus brillante, plus rapide que celle des autres membres de sa famille ; mais elle fut aussi moins durable. Après avoir étudié dans les plus célèbres universités du royaume, il parut avec éclat d'abord au barreau d'Angers[2], puis à celui du

[1] Par ses alliances, la famille Poyet se rattachait à un grand nombre de maisons nobles de l'Anjou. On peut encore suivre sans interruption la généalogie des ancêtres du chancelier Poyet, jusqu'à la fin du xiiie siècle. Ses principaux représentants furent :

1° Georges Poyet, écuyer, époux de Marie de la Rivière, dont il eut :

2° Christophe Poyet, écuyer, qui partagea avec son frère l'héritage paternel le 14 août 1345. De son mariage vint :

3° Jamet Poyet, maître d'hôtel du duc d'Anjou. Il eut pour héritier :

4° Perrin Poyet, époux de Perrine Guibert. De leur union naquirent cinq enfants :

   a Macé Poyet, auteur de la branche de la Guilberderie et du Pineau.

   b Guy Poyet, auteur de la branche de Jupilles.

   c Pierre Poyet, curé de S. Aubin-du-Pavoil.

   d Catherine Poyet, mariée à Jean Ernault.

   e Jeanne Poyet, épouse de Guillaume Peu.

5° Guy Poyet, sieur de Jupilles, fils puiné de Perrin Poyet, eut de Marguerite Hellaud qu'il épousa en 1485 :

   a Pierre Poyet, sieur des Granges, etc. lieutenant général de la sénéchaussée d'Anjou.

   b Gilles Poyet, sieur d'Escharbot, prêtre, mort en 1519.

   c *Guillaume Poyet*, baron de Beine, chancelier de France.

   d Etiennette Poyet, mariée à Pierre du Tour, sieur de Champdoiseau.

   e Guillemine ou Guillemette Poyet, épouse de Jean Bouvery, sieur de Lausserie.

   f Marguerite Poyet, mariée à Thomas Gaultier, écuyer.

Le blason de la famille Poyet était : *d'azur, à trois poyets ou colonnes d'or rangés en pal.*

[2] Il se distingua par ses brillants plaidoyers en faveur du chapitre de l'Église d'Angers contre l'évêque François de Rohan. Cet évêque

Parlement de Paris; où son éloquence , son esprit
« ardent, subtil et même, dit-on, très-raffiné dans tous
les détours de la science du palais, » le firent prompte-
ment remarquer[1]. C'est ce qui lui valut la confiance de
Louise de Savoie, mère de François Ier, qui le choisit
en 1521, pour soutenir ses prétentions dans le procès
qu'elle avait intenté au connétable de Bourbon. Cette
cause, où il déploya une habileté remarquable, devint
l'origine de sa haute fortune.

Des haines de femmes, la jalousie d'un roi, surexcitée
par un cardinal-ministre, furent l'âme de ce procès mémorable, dont la question d'héritage n'était que le
palliatif.

Le connétable Charles de Bourbon était le second
fils du comte de Bourbon-Montpensier et de Claire de
Gonzague, de la maison de Mantoue. Privé fort jeune
de ses parents et de son frère aîné, il épousa Suzanne
de Bourbon, fille du duc Pierre, deuxième du nom, et
d'Anne de France.

Cette illustre fille de Louis XI avait vu avec douleur
la royauté sortir de sa famille et l'autorité de ses mains,
à la mort de Charles VIII, son frère ; mais la branche
des Valois-Orléans allait s'éteindre, et la branche seule
des Valois-Angoulême séparait du trône sa fille et son
gendre.

Ces successions fréquentes tenaient en éveil les es-

---

d'Angers était le second fils de Pierre de Rohan, seigneur de Gié,
maréchal de France. Il avait été promu à l'épiscopat à l'âge de
dix-neuf ans, avant d'être entré dans le sacerdoce. Il passa sa vie
à plaider contre son chapitre et sa famille.

[1] Les plaidoyers de Guillaume Poyet ont été imprimés dans la
Bibliothèque, ou *Trésor du Droit français* de Laurent Bouchel. Il en
existe un recueil manuscrit à la Bibliothèque impériale, dans le
département des manuscrits, fonds Colbert, n° $\frac{9485}{3}$.

pérances, excitaient les ambitions, ouvraient un libre champ aux prévisions, donnaient créance aux horoscopes dont se prévalait chaque famille.

Déjà, en unissant Charles à sa fille, Anne de France avait prévenu toute contestation entre les branches de Beaujeu et de Montpensier : elle avait réuni les forces de la maison de Bourbon.

Restait à rendre son gendre digne de sa naissance et capable de profiter des événements. La princesse se chargea de ce soin. Cette éducation donnée dans une pensée de jalousie, d'attente et d'orgueil devait porter ses fruits.

Charles devint le plus redoutable adversaire de la royauté par son faste et ses brillantes qualités. Aussi Henri VIII d'Angleterre disait-il au cardinal Wolsey : « Mon frère de France a dans M. le connétable un sujet « dont je ne voudrois être le maistre. Dans tous les cas, « fera-t-il bien de ne pas trop serrer le mords à ce fier « coursier : car c'est un vassal qui aimera toujours « mieux sentir la main d'un ami que celle d'un maistre.» François Ier n'eut pas la prudence d'agir ainsi. Poussé par le chancelier Duprat, il froissa l'orgueil du connétable, afin de courber sa tête superbe qui portait l'un des plus grands noms de la chrétienté. Charles de Bourbon résista vigoureusement aux ombrageuses entreprises du roi et du cardinal-légat. Mais, sur ces entrefaites, sa femme, Suzanne de Bourbon, décéda, et sa mort devint le prétexte des longues procédures dont Guillaume Poyet fut l'un des défenseurs.

En mourant, Suzanne de Bourbon n'ayant point laissé d'enfant, Louise de Savoie, comme étant sa plus proche parente [1], revendiqua, d'après le conseil du cardinal

---

[1] Louise de Savoie était fille de Philippe II, duc de Savoie, et de Marguerite de Bourbon.

Duprat, son immense succession. En même temps le roi intervint au procès et réclama les biens donnés en apanage à la maison de Bourbon. Le but de cette double attaque était de détruire la puissance du connétable en lui enlevant ses richesses.

Avant d'entamer le procès, la mère de François Ier déclara à Charles de Bourbon la vive passion qu'elle ressentait pour lui, et lui offrit de l'épouser [1] comme moyen de pacification. Le connétable refusa avec dédain la main de Louise de Savoie qui avait treize ans de plus que lui.

Cet affront exaspéra la duchesse qui ne songea plus dès lors qu'à se venger. Le procès commença. Il s'agissait de la succession des duchés de Bourbonnais et d'Auvergne ; des comtés de Clermont en Beauvoisis, de Forez, de la Marche, et de Clermont en Auvergne ; des vicomtés de Carlat et de Murat ; de la principauté de Dombes ; des seigneuries de Beaujolais, Combrailles, Mercœur, Annonay, La Roche en Régnier, et de nombreux héritages.

Au mois d'août 1522, la cause fut appelée devant le Parlement de Paris[2]. Guillaume Poyet soutint chaleureusement les prétentions de Louise de Savoie. « La donation, dit-il, faite au connétable par sa femme est nulle ; les héritiers naturels ne peuvent être dépouillés des biens-fonds. Louise de Savoie est nièce du dernier représentant de la branche aînée, qui se trouve éteinte : elle est donc la plus proche héritière, la succession lui appartient. »

---

[1] Brantôme, *Vies des hommes illustres*, t. I, p. 160.

[2] Dès le commencement du procès, tous les biens du connétable furent mis sous sequestre (*Original du procez criminel fait à Charles de Bourbon.* — Manuscrits de la Bibliothèque impériale, fonds de Colbert, nᵒ $\frac{9719}{3}$).

François de Montholon parla pour le connétable et soutint la validité de la donation faite par contrat de mariage, renouvelée par testament. Il s'appuya d'autre part sur le droit féodal, et ajouta : « En France, le fief ne tombe pas en quenouille et se transmet de mâle en mâle par substitution de ligne collatérale, quand la ligne directe vient à faillir. »

A ces arguments Poyet répliqua que la loi salique dont on voulait se prévaloir, n'était point applicable à la maison d'Archembaud [1], qu'elle n'y avait été nullement observée avant que Béatrix n'apportât dans sa famille le comté de Bourbon.

L'avocat du roi, Lizet, revendiqua à son tour la succession apanagère au nom de François Ier. Il rappela le testament de Jean, duc de Berry, aïeul maternel des Bourbons, et reproduisit la clause qui, à défaut de descendants mâles, réservait ses possessions au roi et à ses successeurs rois. Il insista sur le contrat de mariage de Pierre de Bourbon et d'Anne, fille de Louis XI. Ce souverain prévoyant avait exigé que dans le cas d'extinction des conjoints sans postérité masculine et directe, il y eût retour des grands fiefs au domaine de la couronne.

Anne de France qui était intervenue au procès, étant morte à Chantelle, le 14 novembre 1522 [2], la cause fut suspendue jusqu'au 22 février 1523. Pendant ce temps d'arrêt, Guillaume Poyet appuya non-seulement de tout son talent les droits de sa célèbre cliente ; mais, dit-on, il eut recours aussi à l'intrigue. Suivant Varillas, il pro-

[1] Dans son savant ouvrage, ayant pour titre : *Étude sur la chronologie des sires de Bourbon*, M. Chazaud, archiviste du département de l'Allier, a donné des preuves que la loi salique n'était pas observée dans la maison des Archembaud et des Bourbon-Dampierre.

[2] De Saincte-Marthe, *Hist. généalogique de la maison de France*, t. II, l. XV, p. 62, in-f°.

mit aux juges de leur faire rembourser 12,000 écus qu'ils avaient payés pour leur charge, puis il employa toutes les ressources de son esprit afin de traîner l'affaire en longueur, selon les désirs de Louise de Savoie qui espérait fléchir le cœur du connétable.

En voyant la marche que suivait son procès, Charles de Bourbon comprit que sa cause était de la nature de celles qui sont jugées d'avance; il n'en attendit point l'issue. Au lieu de briser son épée, il alla la mettre au service de l'empereur Charles-Quint, devint traître à sa patrie et trouva la mort sous les murs de Rome, où ses funérailles furent célébrées au milieu de l'incendie, de la dévastation et du pillage de la ville des papes[1].

Les poursuites criminelles dirigées contre le duc de Bourbon recommencèrent après sa mort. Au mois d'août 1527, François Ier tint un lit de justice dans lequel fut prononcé l'arrêt qui déclarait: Que Charles de Bourbon était atteint et convaincu du crime de lèze-majesté, rébellion et félonie; que les armes et les enseignes personnelles audit Bourbon seraient brisées et effacées; qu'il serait privé de la cognomination de ce nom de Bourbon, comme ayant notoirement dégénéré des mœurs et fidélité des antécesseurs de ladite maison de Bourbon; que sa mémoire serait damnée et abolie à perpétuité, et que tous ses biens féodaux tenus de la couronne de France médiatement ou immédiatement retourneraient à icelle, et tous les autres biens meubles confisqués[2].

---

[1] Du Bellay, *Mémoires*, liv. VII. — De Sandoval, *Vita Carol. V, imp.* — Guichardin. — Paul Jove.

[2] *Procez criminel fait à Charles de Bourbon, connétable de France, en 1527.* — Manuscrit de la Bibliothèque impériale, fonds de Colbert, n° 9719. — *Registre des arrêts prononcés contre Charles de Bourbon* — même fonds, n° $\frac{9719}{3.3}$

Une transaction entre François Ier et sa mère suivit de près l'arrêt rendu au Parlement contre le duc de Bourbon. Il fut stipulé : Que le duché d'Auvergne demeurerait au roi comme apanage de la maison de France, et qu'après le décès de Louise, duchesse de Savoie et d'Anjou, les autres biens de Bourbon qui étaient échus à cette princesse reviendraient à la couronne et y seraient incorporés.

Le procès du connétable avait eu un si grand retentissement au palais et à la cour, qu'il fit la réputation des deux illustres avocats qui l'avaient plaidé; tous deux lui durent, par la suite, d'être appelés aux premières charges de l'État.

En témoignage de sa satisfaction, Louise de Savoie fit nommer, par lettres-patentes données à Troyes, le 4 janvier 1529, Guillaume Poyet, avocat du roi au Parlement en remplacement de Jean de Nisé. Peu d'années après, le 31 décembre 1534, il succéda à Denis Poillot dans sa charge de président à mortier au Parlement de Paris [1]. Vers la même époque il était premier président au Parlement de Bretagne [2], et le roi l'appela dans son Conseil privé.

---

[1] Blanchard, *Les présidents au mortier du Parlement de Paris*, p. 159. — Paris, 1647, in-folio.

[2] La charge de premier président au Parlement de Bretagne que Poyet occupait en 1535 (*Recueil des édits*, etc. *de la Chambre des comptes de Bretagne*, t. II, p. 289 in-f°), ne l'empêcha sans doute pas de remplir celle de président à mortier au Parlement de Paris dont il avait été pourvu en 1534; car, le 3 août 1535, le roi François Ier lui écrivit de Reims pour lui ordonner de faire enlever les papiers d'État qui se trouvaient dans l'hôtel de feu le chancelier Duprat. La lettre est conçue en ces termes :

« Monsieur le président, pour autant que vous sçavez de combien « il importe pour ceux à qui se peut, et pourra toucher par cy-après, « de garder les papiers et registres de la légation, pour esviter les « abus et procez qui se pourroient mouvoir, pour raison des expé-

Esprit souple, insinuant, doué de vastes connaissances, Poyet, dans ces différentes fonctions, sut captiver les faveurs et la confiance de François Ier, qui le chargea de plusieurs missions politiques. En 1533, il assista à l'entrevue du roi avec le pape Clément VII à Marseille. L'année suivante il fut chargé avec le comte de Busançois, amiral de France, d'une négociation en Angleterre. En 1535, il accompagna le même amiral à Calais pour conférer avec le duc de Norfolk, ambassadeur d'Henri VIII[1]. Peu de temps après, il fut chargé de faire valoir les droits du roi sur une partie des États du duc de Savoie. Puis, il signa, en 1537, la trêve de Baumi avec le gouvernement des Pays-Bas.

« ditions qui ont esté cy-devant faites en icelle légation du temps de
« Monsieur le légat. A cette cause je vous prie et ordonne, que in-
« continent la présente receue vous ayez à retirer des mains des en-
« fants dudit feu légat ou autres, qui ont eu la charge ou maniement
« d'iceulx registres et papiers, pour après les mettre par inventaire
« en lieu seur, tel que adviserez, dont l'on les pourra retirer quand
« besoin sera. Au demourant je crois qu'il vous souvient très-bien
« du propos que je vous tins dernièrement touchant les traitez, et
« autres papiers d'importance, qui estoient ès mains dudit feu légat
« et de combien je désire les recouvrer. Par quoi vous les retirerez
« tous, et en ferez pareillement un inventaire, lequel vous m'envoi-
« rez incontinent par homme seur et exprès avec tous iceux traictez,
« sans autrement vous mettre en peine de les faire doubler, et après
« qu'ils seront en mes mains, j'ordonneray ce que je voudray qu'il en
« soit fait, en quoi faisant, vous me ferez service très-agréable, priant
« Dieu, Monsieur le président, qu'il vous ait en sa sainte garde.
« Ecrit à Rheims le troisième jour d'Aoust 1535.
« *Signé*: FRANÇOIS.
Et plus bas :
« LE BRETON. »
La suscription porte :
« *A Monsieur le Président Poyet.* »
(François du Chesne, *Histoire des Chanceliers de France*, pp. 585-586, in-fol.)

[1] Anselme, *Hist. généalogique et chronologique de la maison royale de France*, t. VI, p. 464, in-f°.

Lorsque le chancelier de France, Antoine Du Bourg, mourut à Laon, au commencement du mois de novembre 1538, des suites d'une chute de sa mule, François Ier choisit Guillaume Poyet pour le remplacer. Les lettres-patentes qui l'élevèrent à cette haute dignité furent données à Nanteuil-le-Haudouin, le 12 novembre 1538[1]. Ce sont les dernières qui se trouvent expédiées en latin sur les anciens formulaires. Le fils aîné du roi, Henri, dauphin de Viennois, duc de Bretagne et de Normandie, lui conféra en même temps l'office de chancelier de Bretagne.

La nommination d'un chancelier étant soumise à de longues formalités, les sceaux du roi furent tenus, en attendant que Poyet eût reçu ses provisions, par Mathieu de Longuejoue, seigneur d'Iverny, évêque de Soissons et conseiller d'État.

En prenant possession de la chancellerie Poyet modifia aussitôt son blason, afin de lui donner une signification héraldique en harmonie avec sa nouvelle position. Il conserva intact l'écu des Poyet; mais il remplaça le *griffon* des Hellauds, dont il écartelait ses armes, par un *lion*. Dès lors il porta : *écartelé au 1er et 4e d'azur, à trois colonnes d'or, rangées en pal; au 2e et 3e de gueules, au lion d'or.* L'écu surmonté d'un casque avec ses lambrequins et d'un mortier de drap d'or, rebrassé d'hermine. Pour cimier : une femme à mi-corps, représentant la France, vêtue royalement ; tenant dans sa main droite le sceptre et dans sa main gauche les sceaux du roi. Pour supports : les deux masses en vermeil de la chancellerie, passées en sautoir. Le tout posé sur un manteau ducal écarlate, orné de rayons d'or et fourré d'hermine.

---

[1] *Archives de l'Empire,* vol. M, f° 115. — Ces lettres furent enregistrées au Parlement le 18 novembre 1538,

ARMOIRIES
de Messire GUILLAUME POYET
Chancelier de France.

Enfin, Poyet, pour faire allusion à ses armes et à ses nouvelles fonctions, prit pour devise : JUSTITIÆ COLUMNAM EQUITUR LEO[1]. Il paraît que les Angevins en apprenant l'élévation de leur concitoyen aux éminentes fonctions de chancelier de France, ressentirent une si grande joie, qu'ils firent à Angers, le 15 novembre, une procession générale pour sa prospérité[2].

La cour de France était alors la plus somptueuse de l'Europe ; Poyet suivit facilement l'impulsion donnée par le roi. Une des premières cérémonies dans lesquelles il parut avec éclat, fut l'entrée de Charles-Quint à Paris, le 1er janvier 1539. Malgré son ressentiment envers l'empereur, le roi avait voulu qu'on fît à l'hôte illustre de la France une réception digne de son rang. L'armée, la magistrature, le clergé et le commerce s'étaient plu à l'envie les uns des autres à déployer dans cette circonstance un luxe sans égal. Les jeunes nobles surtout « estoient si richement vestus et magnifique-
« ment montez que c'estoit une grande et admirable
« excellence de les veoir en leurs habits tous d'une
« parure, qui estoit une casaque de velours noir enri-
« chie d'orfevrie et de passemens d'or ; une manche
« couppée de drap d'or frisé et de broderie, et dessoubs
« le pourpoint de satin jaune paillé, avec leurs bonnets
« si très-remplis de diamans, rubis, esmerauldes, per-
« les, marguerites et aultres pierres précieuses, et bou-
« tons d'or esmaillez, que quatre d'iceulx bonnets ont
« été estimez la somme de cinquante mil escus d'or au
« soleil[3]. » François du Chesne, dans la relation qu'il

---

[1] V. la planche du frontispice.

[2] Claude-Gabriel Pocquet de Livonnière, *Hist. de l'Université d'Angers*, f° 2 r°. Mss. de la Bibl. d'Angers.

[3] Félibien et Lobineau, *Hist. de la ville de Paris*, t. V, p. 355, in-f°,

a publiée de cette solennité, n'a point omis la place occupée par la chancellerie dans le cortége impérial. Après les audienciers et les contrôleurs qui se drapaient dans leurs manteaux écarlates, fourés de *lectices*, « venoit « une hacquenée blanche couverte de drap d'or, portant « le coffret auquel estoient les grands séels du roy, ledit « coffret couvert d'un voile de crespe et estoit menée « ladite hacquenée par deux laquais nüe teste, et d'un « costé et d'autre de ladite hacquenée alloient après les « quatre chauffe-cires de ladite chancellerie, vestus de « velours cramoisy, nuds teste ; alloit après à cheval « l'huissier vestu de velours violet, portant masse dorée, « nud teste ; entra après monsieur le chancelier de France, « Messire Guillaume Poyet, vestu de robe de velours cra- « moisy figurée et par dessus un manteau d'escarlate « fourré d'hermine, monté sur une mule houssée et en- « harnachée de velours cramoisy [1]. »

Si Poyet se laissa éblouir par le faste d'une cour légère et voluptueuse, il n'oublia pas cependant les obligations qui lui étaient imposées par sa charge. Au contraire, il se montra l'un des plus ardents réformateurs de la législation française, en détruisant de nombreux abus et en créant des lois en harmonie avec les besoins de son siècle.

Le 12 janvier 1539, Poyet publia un édit pour mettre un terme aux viles spéculations de certains ordres religieux qui faisaient le trafic des indulgences. Cet édit porte : « François, etc. Comme nous avons esté advertis « de plusieurs grands abus et malversations que aucuns « eux disans questeurs, procureurs et serviteurs des « maisons de Nostre-Dame de Jérusalem, Saint-Lazare « dudit lieu, Sainte-Catherine du Mont-Sinaï, Saint-

---

[1] François du Chesne, *Hist. des Chanceliers de France*, p. 585, in-fo.

« Sébastien hors Rome et autres lieux ultramontains,
« commettent chacun jour, en nos royaume, pays, terres
« et seigneuries, publiant en iceux, sans nos congé,
« licence et permission, divers pardons et indulgences
« qu'ils disoient avoir esté donnés et octroiés par nos
« saints pères papes, et que par importunité ou autre-
« ment ils trouvent moyen obtenir, pour avoir couleur
« de les publier en nos dits royaume, pays et seigneu-
« ries.

« Par le moyen desquels pardons et indulgences, ils
« exigent, de nos sujets grandes sommes de deniers.....
« Et pour plus facilement faire lesdites exactions, baillent
« à ferme lesdites questes à gens nos subjets, par les
« diocèses de nosdits royaume, pays et seigneuries, sans
« comme dit est, obtenir de nous aucunes permissions
« pour faire ladite publication, queste et exaction [1]. »

Deux édits en faveur de la police du royaume furent
dressés par le chancelier et rendus exécutoires le 9 mai
1539. L'un défendait de loger aucun étranger sans en
avertir les officiers des localités [2], et l'autre interdisait
les assemblées illicites et l'usage de porter des masques [3].
Dans le même mois parut un nouvel édit en faveur de
la création en France de la loterie. Cet édit est le premier sur cette matière, et on voit dans le *Traité de la
Police* que c'est le besoin d'argent qui en donna l'idée
au roi [4]. Ce qui n'empêcha pas qu'on voulut plus tard,
en faire un grief contre les actes du chancelier.

Dans cet édit émanant de la volonté de François Ier on

---

[1] *Ordonnance M. 139* — Archives de l'Empire.
[2] Fontauon, I. 673. — Isambert, *Recueil général des Anciennes
Lois françaises*, t. XII, p. 556.
[3] *Registre de la Chambre des comptes de Grenoble.*
[4] Delamare, *Traité de la Police*, t. 1, l. III, tit. IV, chap. vii,
p. 470.

lit : « Comme de la part de certains bons et notables
« personnages de nostre royaume, Nous ait esté dit, re-
« montré et donné à entendre, que plusieurs nos sujets
« tant nobles, bourgeois, marchands qu'autres, enclins
« et désirans jeux et ébatemens, se sont souventesfois à
« faute de jeux honorables permis ou mis en usage, ap-
« pliquez par cy-devant et s'appliquent encore à plu-
« sieurs autres jeux dissolus, en telle sorte et obstination
« que les aucuns y ont consommé et consomment tout
« leur temps, délaissans par tels moyens toute œuvre et
« labeur vertueux et nécessaire.

« Les autres tous leurs biens et substance, et les
« autres commis et commettent blasphèmes envers
« Dieu, injures et excez faits envers les personnes, tant
« à l'occasion des obstinations des joueurs que des con-
« tradictions et dénégations des uns envers les autres.

« Et que pour faire cesser lesdits inconvéniens, et
« abolir et éloigner l'usage pernicieux dont ils ont pro-
« cédé et procèdent, ne se trouveroit meilleur moyen
« que de permettre et mettre en avant quelques autres
« jeux et ébatemens, exquels Nous, nos dits sujets et
« choses publiques ne puissent avoir ne recevoir aucun
« intérêt.

« Nous proposons entre autres celui de la blanque,
« longtemps permis ès villes de Venise, Florence, Gen-
« nes, et autres villes et citez bien policées, fameuses et
« de grandes renommées. »
Suivent les statuts qui se terminent par la création
d'un maître de la loterie. « Et par ces présentes faisons,
« commettons, constituons, establissons et ordonnons
« pour maistre et facteur de ladite blanque en icelle
« nostredite ville et citez de Paris, notre très-cher et
« bien amé Jean Laurent, lequel, suivant nostre pré-
« sent édit et permission, y fera, érigera et conduira

« dorénavant ladite blanque, toutes et quantes fois que
« bon lui semblera, en *Nous* payant par chacun an, aux
« termes et ainsi que dit est cy-dessus, ladite somme de
« deux mille livres tournois [1]. » Cet édit, donné à Châ-
teau-Renard, était revêtu de la signature du cardinal de
Tournon et du connétable Anne de Montmorency.

Cette somme, quoique importante pour l'époque, était
bien insuffisante pour remplir le Trésor royal, épuisé par
les folles dépenses du roi, ainsi que par l'abandon des
domaines de la couronne donnés aux grands officiers de
sa maison et à ses courtisanes. Ce fut pour remédier à
cette pénurie des finances que le chancelier Poyet soumit, le 30 mai 1539, à la sanction royale, un édit « portant qu'au décès de ceux qui possèdent des terres dépen-
dant du domaine de la couronne en vertu de donations,
ces terres seront réunies audit domaine, et qu'ils n'en
pourront transmettre la possession à leurs enfants [2]. » Par
cette sage mesure, Poyet voulait rendre au Trésor des
revenus qui n'auraient dû jamais en être aliénés, et sou-
lager le peuple, qui seul était pressuré sans cesse pour
subvenir aux fastueuses prodigalités de la cour.

Afin de purger la France des bandes dangereuses de
Bohémiens qui infestaient les campagnes, Guillaume
Poyet leur défendit, le 24 juin 1539, l'entrée du
royaume et enjoignit à ceux qui y étaient d'en sortir.

Craignant sans doute que l'édit du 30 mai n'arrêtât
pas suffisamment les dilapidations causées au Trésor royal
par la privation des biens de l'État, il publia le 30 juin
un nouvel édit pour rendre inaliénable le domaine de la
Couronne [3].

<hr>

[1] *Bannières du Châtelet*, t. III, p. 138. Isambert, *Recueil général
des Anciennes Lois françaises*, t. XII, p. 560-561.

[2] *Mémorial de la Chambre des comptes*, 2. J, fᵒ 139.

[3] Antoine Fontanon, *Les Édits et Ordonnances des Roys de France*

Dans sa double carrière de légiste et de magistrat, Poyet avait apprécié les abus, pour ne pas dire les vices, qui entravaient en France l'action de la justice et la rendaient impuissante à réprimer le crime. Pour obvier à une situation qui discréditait les tribunaux, il fit rendre par le roi une ordonnance sur la juridiction du Grand Conseil [1]. Bien qu'il s'efface dans cet acte, c'est lui cependant qui a peint au vif les griefs imputés aux magistrats et aux jurisconsultes, et qui fait dire à François Ier : « Que sur les plaintes et clameurs de nostre « peuple, qui journellement recourt à nous en grande « et piteuse exclamation, que les procez estant intentez « et pendans en nos cours et juridictions sont immortels « et mesmement en nostre Grand Conseil... avons fait... « les ordonnances qui s'ensuyvent. »

Après avoir rappelé aux juges leurs devoirs, il s'adresse aux procureurs et aux avocats « pource qu'aucuns « advocats de l'industrie desquels (ainsi que porte l'an- « cienne ordonnance) dépend principalement l'abré- « viation des causes... nous leur défendons d'alléguer, « ne mettre en avant aucuns faits superflus, imperti- « nens, ou non véritables, sur peine de quarante sols « parisis d'amende, ou autre plus grande amende, à la « discrétion du conseil. En laquelle les transgresseurs « de ceste présente défense seront condamnez sur le « champ, et sera levée sur eux sans aucun déport, ne « dissimulation [2]. »

Aux ruses de la chicane ne se bornent pas les griefs imputés aux jurisconsultes ; l'ordonnance leur reproche

depuis saint Loys jusqu'à présent, etc., t. II, p. 348. — Paris, 1580, 4 vol. in-f°.

[1] Cette ordonnance fut enregistrée au Grand Conseil le 16 juillet.

[2] Article xxviii.

également une grande négligence dans leur maintien
et dans leurs paroles.

« Et pour ce qu'aucuns desdits advocats, mentionne
« l'article XL, ne plaident modestement et gravement,
« selon que l'honneur et la révérence qu'ils doyvent à
« la justice souveraine le requièrent, et par contentions
« et exclamations par trop disconvenables à leur estat,
« troublent le silence qui doit estre en l'expédition de
« justice, s'eslevant légèrement, parlant plusieurs en-
« semble, sans aucune modestie, honneur, ne révérence
« de justice : aussi plaident à diverses fois et à hocquets :
« et aucuns procureurs font semblable : nous leur dé-
« fendons sur peine de quarante sols parisis d'amende
« pour la première fois : de cent sols pour la seconde :
« et interdiction d'exercer l'estat d'advocat ou procureur,
« à tel temps que le conseil verra estre à faire [1]... »

Au mois d'août 1539, parut la fameuse ordonnance
sur le fait de la justice, datée de Villers-Cotterets [2]. Cette
ordonnance, dit Isambert, est l'acte le plus important
du règne de François Ier. Une partie de ses dispositions
ont été insérées dans les ordonnances de 1667 et 1670.
Il en existe même plusieurs articles qui, dans le silence
des lois nouvelles, servent de base aux jugements des
tribunaux, et plusieurs arrêts de la Cour de cassation
ont décidé d'après cette ordonnance. C'est elle qui a dé-
terminé les limites précises entre la juridiction séculière
et ecclésiastique; qui a établi les registres civils pour
constater les naissances et les décès; qui a ordonné que
les actes notariés, procédures et jugements seraient
écrits en français; qui en matière criminelle a décidé

<hr>

[1] Fontanon, *Les Édits et Ordonnances des roys de France*, t. II,
p. 348.
[2] Le Parlement l'enregistra le 6 septembre de la même année,

que l'accusé répondrait lui-même aux interpellations qui lui seraient faites, qu'il pourrait entendre les dépositions avant de proposer ses reproches, etc. Le secret de la procédure, établi par cette ordonnance, fut maintenu par celle de 1670. La loi du 3 novembre 1789, sur la réforme des abus de la jurisprudence criminelle, l'abrogea en introduisant en France la publicité des débats et l'assistance d'un défenseur. Malgré les ordonnances de 1539 et de 1670, plusieurs parlements s'étaient maintenus dans l'usage de juger publiquement les procès criminels ; rarement on refusait un défenseur : ce refus ne pouvait avoir lieu que dans les cas spécifiés par l'ordonnance de 1670 [1].

L'impression que produisit l'ordonnance de Villers-Cotterets fut si profonde que les contemporains du chancelier la surnommèrent *la Guillelmine*. Cette ordonnance suscita contre Poyet bien des haines occultes. Le clergé ne lui pardonna jamais d'avoir porté atteinte à son influence en défendant aux ecclésiastiques de s'immiscer dans les affaires civiles. Le Parlement lui-même se montra peu satisfait des réformes parce qu'elles bouleversaient sa routine judiciaire : il s'en plaignit amèrement, et ne les accepta qu'à regret.

Le mécontentement que souleva l'ordonnance de Villers-Cotterets ne put arrêter ni le zèle, ni la prodigieuse activité du chancelier Poyet. Le 23 novembre, il fit signer au roi un édit pour obliger les juges à résider dans leur juridiction [2]. Peu de temps après, par un autre

---

[1] L'ordonnance de Villers-Cotterets contient 192 articles. Un de ces articles ordonne la suppression de toutes les confréries de gens de métier, ainsi que les réjouissances qui accompagnaient la réception à la maîtrise : « ne se feront aucunes disnées, banquets, ni « convis, ni autres despenses quelconques. »

[2] Antérieurement à cet édit, Guillaume Poyet étant premier

édit, il réunit au domaine de la Couronne toutes les jus-
tices seigneuriales de la ville de Paris et régla les in-
demnités dues aux seigneurs qui les possédaient[1].

La sollicitude de Poyet pour la prospérité de la nation
ne se borna pas à ces réformes. Sachant que l'industrie
et le commerce constituent principalement la richesse
nationale, il s'efforça de remédier aux abus qui pouvaient
entraver leur marche. Déjà par son ordonnance de Villers-Cotterets il avait supprimé les confréries des marchands et des artisans, ainsi que les fêtes et les libations
qui accompagnaient la réception d'un compagnon à la
maîtrise ; au mois d'avril 1540, il publia un édit pour
rendre l'aunage uniforme dans le royaume. Cet édit fut
suivi de plusieurs ordonnances sur les droits d'impor-
tation en France des draps d'or, d'argent et de soie, dont
les étrangers, principalement les Vénitiens, avaient le
monopole[2]. Le blé, l'épicerie et d'autres marchandises
furent l'objet de semblables mesures.

président au Parlement de Bretagne, avait rédigé, en vertu des
lettres du roi du 4 septembre 1535, un règlement pour obliger les
juges de la Chambre des comptes de Bretagne à résider et à remplir
les obligations de leur charge. Ce règlement porte la date du
2 octobre 1535 (*Recueil des édits, ordonnances et règlements concer-
nant les fonctions ordinaires de la Chambre des comptes de-Bretagne,*
t. II, p. 289-293. — Nantes, 1721, in-f°).

[1] Delamarc, *Traité de la Police*, t. I, liv. I, tit. IX, ch. 1, p. 140.

[2] Les ordonnances de François Ier en faveur du commerce des
draps de soie et d'or fabriqués en France, ne sont pas les premiers
actes émanant de l'autorité royale en faveur de cette industrie originaire de l'Orient. Au xive siècle, Paris possédait déjà des artisans qui tissaient la soie. Henri VI, roi d'Angleterre, qui se quali-
fiait de roi de France, confirma par ses lettres-patentes, du mois
de décembre 1425, les statuts du métier de tisseur de soie en la
ville de Paris (*Ordonnances des Rois de France,* t. XIII, p. 108).
Plus tard, en 1470, Louis XI établit aux environs de Tours des
plantations de mûrier et des fabriques d'étoffe de soie. En 1480,
il enleva à la Grèce et à l'Italie des ouvriers qui implantèrent dans

Tandis que Poyet réformait l'État, Luther et les disciples d'Ulric Zwingle s'efforçaient de réformer l'Église. C'était la régénération de l'esprit humain qui s'annonçait au monde. Une fiévreuse anxiété dévorait peuples et despotes. François Ier hésita entre le rôle de sauveur et d'oppresseur : Rome intervint, elle le fit trembler. Ni les grâces séduisantes, ni les spirituels plaidoyers de Marguerite de Valois, sa sœur bien-aimée, ne purent gagner auprès de lui la cause du protestantisme [1] naissant. Au lieu de le protéger pour le bonheur de ses sujets, il s'en fit le bourreau.

Dès l'année 1523 , François Ier, ce roi aux mœurs si dissolues, avait montré son zèle pour la religion dans une ordonnance qui condamnait les « regnieurs de « Dieu » à avoir « la gorge ouverte avec un fer chaud, « et la langue tirée et coupée par le dessoubs » avant d'être « étranglez et pendus. » Il ne traita pas les luthériens avec de plus grands ménagements. Poyet qui avait peut-être un respect trop grand pour les abus de

ses États les procédés de Milan, de Gênes, de Venise, de Pistoie, et pour la première fois la France eut des ateliers de drap d'or, de brocard, de gros de Naples et de Damas. Par des lettres du mois d'octobre de la même année, Louis XI accorda de nombreux priviléges aux *tissutiers* de soie et d'or de la ville de Tours (Ibid. t. XX, p. 592). Charles VIII confirma par ses lettres-patentes du mois de mai 1497 les priviléges accordés par son père aux fabricants de draps d'or et de soie à Tours. François Ier marcha sur les traces de ses prédécesseurs pour affranchir entièrement la France d'un tribut onéreux qu'elle payait à l'étranger, en agrandissant et en multipliant le nombre des fabriques de soieries. Comme Louis XI, il adopta un système prohibitif afin de donner à l'industrie nationale des avantages qu'elle n'aurait pu obtenir si ses produits avaient été mis en concurrence avec ceux de la Grèce et de l'Italie.

[1] Le mot *protestant,* d'où dérive celui de *protestantisme,* est venu de la protestation que les partisans de Luther opposèrent, en 1529, aux résolutions de la diète de Spire.

l'Église, ou qui ambitionnait certaines dignités ecclésiastiques, partagea les idées de son maître et l'aida à les réaliser. En 1540, le 10 avril, il scella les lettres-patentes du roi qui autorisaient un moine mendiant de l'ordre de Saint-Dominique à exercer en France les fonctions d'inquisiteur de la foi. On connaît le mauvais accueil que reçut cette institution diabolique, qui, malgré les efforts des papes et des dominicains, ne put implanter en France de profondes racines. Toutefois, on eut le temps d'apprécier le zèle des moines inquisiteurs par les tortures atroces qu'ils inventèrent et par le grand nombre de victimes qui expirèrent dans leurs lugubres auto-da-fé.

Mais, ni le sang que l'Église fit répandre, ni les bûchers qu'elle fit allumer par ses odieux satellites, ne purent arrêter la marche de l'intelligence, qui s'était révélée à l'humanité par le grand acte de la Réforme. Semblable au phénix légendaire, le protestantisme outragé, banni, persécuté, livré aux flammes, se régénéra de ses propres cendres, avec une vie plus forte, plus puissante, que ne purent détruire ni la haine des papes, ni les cruautés des dominicains, ni le fanatisme aveugle des rois.

Sous l'inspiration des idées religieuses de François Ier, idées qui n'étaient point celles de la France intellectuelle, le chancelier Poyet eut la faiblesse de rédiger un édit que le roi approuva le 1er juin 1540, pour enjoindre expressément à tous baillis, sénéchaux, procureurs, avocats du roi, etc., sous peine de suspension et privation de leurs offices, de rechercher et poursuivre les luthériens, et de les livrer au jugement des cours souveraines.

Cet édit, comme ceux qui lui succédèrent, fit des victimes et ce fut son unique résultat. Il n'empêcha pas les doctrines de Luther de faire le tour du vieux monde et de pénétrer ensuite, avec la civilisation, jusqu'aux dernières limites du nouveau continent.

Tandis que Poyet opprimait les protestants, contrairement à l'édit de Milan de l'an 712, qui avait établi le principe de la liberté des cultes, il se trouvait engagé en même temps dans une autre lutte plus dangereuse pour lui. Une secrète jalousie tenait depuis longtemps en échec Charles-Quint et François Ier. Lorsque l'empereur traversa la France et séjourna à la cour, avant de se rendre auprès des habitants de la cité de Gand alors en révolte, il étudia, avec sa lucide perspicacité, les endroits vulnérables de son rival. Il vit facilement que les destinées de la France reposaient entre les mains de deux femmes qui s'arrachaient mutuellement une autorité ébranlée : c'étaient la duchesse d'Étampes et Diane de Poitiers, maîtresses l'une du roi, l'autre du dauphin. Charles-Quint sut habilement se ménager des intelligences dans les deux camps, afin de soulever des dissensions au sein même de la cour. Son entreprise réussit parfaitement. Toutefois, François Ier finit par s'apercevoir des ruses de l'empereur. Il rompit avec lui l'alliance dont le connétable Anne de Montmorency[1] s'était fait

---

[1] Anne, duc de Montmorency, premier baron, pair, maréchal, grand-maître et connétable de France, chevalier des ordres de Saint-Michel et de la Jarretière, premier gentilhomme de la chambre du roi, gouverneur de Languedoc, comte de Beaumont-sur-Oise et de Dammartin, avait gagné par son mérite et sa bravoure les hautes dignités dont il fut revêtu. Quoique habile politique, il trouva son maître dans Charles-Quint qui savait allier le parjure au fanatisme religieux le plus exalté. Lorsque ce souverain voulut traverser la France pour aller réprimer la sédition des habitants de Gand, il envoya des ambassadeurs auprès de François Ier pour lui demander de passer sur ses États; en même temps il promit à Georges de Selve, évêque de Lavaur, ambassadeur du roi, de rendre à François Ier le Milanais. Satisfait de cet

l'entremetteur. Cette rupture amena une révolution parmi les grands dignitaires de la couronne. Le connétable tomba en disgrâce ; mais avant de se retirer de la cour, il voulut entraîner dans sa chute l'amiral de France, Philippe Chabot de Brion, comte de Charny et de Busançois, chevalier des ordres de Saint-Michel et de la Jarretière, gouverneur de Bourgogne et de Normandie[1].

engagement, le roi de France reçut l'empereur Charles-Quint avec de grands honneurs. Celui-ci avait renouvelé en entrant sur le territoire français sa promesse au connétable de Montmorency, qui en répondit pour lui au roi. Mais lorsque l'empereur fut à Valenciennes et que l'évêque de Lavaur lui demanda de remplir ses engagements, il se servit d'abord de prétextes fallacieux pour éluder la question ; puis il refusa entièrement de satisfaire sa promesse. De là, la disgrâce du connétable, que Charles-Quint paraissait avoir gagné à son parti. — Le connétable Anne de Montmorency était le second fils de Guillaume, seigneur de Montmorency, d'Ecouen, de Chantilly, etc., chevalier d'honneur de Louise de Savoie, mère du roi, gouverneur et bailli d'Orléans, et capitaine des forteresses de la Bastille, du bois de Vincennes et de Saint-Germain-en-Laye. Il avait eu pour mère Anne Pot, de la maison des comtes de Saint-Paul, seigneurs de la Rochepot. En 1526, Anne de Montmorency avait épousé Madeleine de Savoie, fille de René, légitimé de Savoie, comte de Villars, grand-maître de France, et d'Anne de Lascaris, comtesse de Tende, dont il eut cinq fils et sept filles. L'aîné de ses enfants, François de Montmorency, fut maréchal de France ; le second, Henri, duc de Montmorency, devint connétable ; le troisième, Charles, duc de Damville, fut amiral de France ; le quatrième, Gabriel de Montmorency, baron de Montheron, périt à l'âge de vingt et un ans à la bataille de Dreux, et le cinquième, Guillaume de Montmorency, seigneur de Thoré, fut colonel géhéral de la cavalerie légère de Piémont.

[1] Philippe Chabot, seigneur de Brion, était le second fils de Jacques Chabot, seigneur de Jarnac, de Brion, d'Aspremont, etc., conseiller et chambellan du roi, et de Madeleine ou Marguerite de Luxembourg. Au mois de janvier 1526, il avait épousé Françoise de Longuy, dame de Pagny et de Mirebeau, fille de Jean de Longuy, seigneur de Givry, etc., et de Jeanne, *bâtarde* d'Angoulême, sœur *naturelle* du roi. De cette union naquirent : 1° Léonor

L'affection un peu trop tendre que la duchesse d'É-
tampes[1] témoignait à l'amiral, fut le prétexte dont Montmorency se servit pour le perdre dans l'esprit du roi.
Irrité de cet amour, François Ier ordonna au chancelier
Guillaume Poyet, protégé du connétable, de prendre
secrètement des informations sur la conduite du comte
de Busançois, comme amiral et gouverneur de province.
Poyet prétendit avoir découvert, dans les actes de l'amiral, vingt-cinq délits dignes de mort. Chabot de Brion,
menacé par le roi d'un procès criminel, répondit avec trop
d'assurance qu'il n'en redoutait pas l'issue, sa conscience
étant irréprochable[2]. François Ier ordonna, le 16 février

Chabot, comte de Charny et de Busançois, grand écuyer de France
et lieutenant-général au gouvernement de Bourgogne; 2° François
Chabot, marquis de Mirebeau, baron de Chaumont et de Charroux,
chevalier des Ordres du roi; 3° Françoise Chabot, mariée à Charles
de La Rochefoucauld, baron de Barbezieux; 4° Antoinette Chabot,
épouse de Jean d'Aumont, comte de Châteauroux, maréchal de
France; 5° Anne Chabot, unie en 1559 avec Charles de Halluyn,
seigneur de Piennes; 6° Jeanne Chabot, abbesse du Paraclet, qui
se fit protestante, et conserva cependant son abbaye où elle en-
tretint le service religieux sans y assister, et où elle décéda.

[1] Anne de Pisseleu, duchesse d'Étampes, était une des trente
enfants qu'avait eus, des trois mariages qu'il contracta, Guillaume
de Pisseleu, seigneur de Heilly, etc., capitaine de mille hommes
de pied de la légion de Picardie. Elevée à la cour en qualité de
fille d'honneur de Louise de Savoie, Anne de Pisseleu sut captiver
par sa beauté et surtout par son esprit les faveurs de François Ier qui
en fit sa maîtresse. Après l'avoir enrichie ainsi que sa famille, son
royal amant voulut qu'elle occupât à la cour un rang digne de l'amour
qu'il lui portait. Dans ce but, il lui fit épouser Jean de Brosse IVe
du nom, dit de Bretagne, qu'il fit duc d'Étampes, comte de Pen-
thièvre, gouverneur du Bourbonnais, puis de Bretagne, dont elle
n'eut pas d'enfant.

[2] Jamais un seigneur, dit Étienne Pasquier, qui pour avoir eu
bonne part en la faveur du roi son maistre a esté employé aux
grandes affaires, tombant en son indignation, ne doit permettre, s'il
lui est possible, de tomber ès-mains de la justice et qu'on luy

1539, l'arrestation et la mise en accusation de l'amiral.
On le conduisit au château de Melun, où on l'emprisonna; mais ce fut seulement le 3 novembre 1540 que
des lettres-patentes soumirent son procès à une commission extraordinaire, composée de maîtres des requêtes
choisis arbitrairement dans les divers parlements du
royaume. Guillaume Poyet, en sa qualité de chancelier,
c'est-à-dire de chef de la justice en France, voulut présider la commission. Pour ses épices, il se fit donner
d'avance par le roi les biens qui seraient confisqués sur
l'accusé. Ce ne fut pas le seul scandale de ce grand procès : François Ier ne rougit pas de déposer lui-même
contre l'amiral, son ancien ami d'enfance, et d'influen-
cer directement les juges; cependant la commission ne
se laissa pas arracher l'arrêt de mort que le roi souhai-
tait avoir entre les mains, mais qu'il n'eût peut-être pas
fait exécuter.

La conduite de l'amiral n'était point irréprochable ;
mais à cette époque il n'existait guère d'hommes puis-
sants, à commencer par Montmorency, qui n'eussent abusé
de leur autorité pour commettre des exactions semblables
aux siennes. Les reproches les plus graves imputés au
comte de Charny étaient d'avoir, comme amiral, haussé
à son profit les droits perçus en Normandie sur les pê-
cheurs de harengs et de s'être servi de son autorité de
gouverneur de Bourgogne pour spéculer sur les grains.
Une sentence aussi irrégulière que la procédure fut
rendue contre lui. On le condamna à un million cinq
cent mille livres d'amende et dommages-intérêts envers

<hr>

fasse son procez, quelque innocence qu'il pense résider en luy.
D'autant que ce qu'il estimoit, pendant sa vogue, un peccadille,
venant devant les yeux des juges, est non-seulement estimé péché
mortel, ains criminel. (*Les Recherches de la France*, liv. VI,
page 552.)

les provinces et les particuliers lésés, au bannissement
et à la confiscation de sa fortune. Après que la sentence
eut été rédigée par les juges, François Ier la promulgua
le 8 février 1541, sous forme de lettres-patentes entre-
mêlées de dispositions légales afin d'empêcher que les
abus imputés à l'amiral se reproduisissent.

Tandis que le roi et le chancelier Poyet mettaient tout
en œuvre pour perdre le comte de Charny, une amie qui
lui était restée fidèle, la duchesse d'Étampes, employait
pour lui les charmes séducteurs de son génie pour arrêter l'effet de sa condamnation, et lui faciliter une entrevue avec son royal accusateur.

La haine de François Ier fit bientôt place à un sentiment plus noble quand parut devant lui son ancien ca-
marade d'adolescence, Philippe Chabot de Brion, dont
il avait rempli le cœur d'angoisses et empoisonné la vie
sous un futile prétexte de jalousie. Il ordonna qu'on re-
visât immédiatement son procès. Une nouvelle procédure eut lieu ; elle motiva un arrêt définitif en date du
24 mars 1541, qui déclara l'amiral Chabot innocent.
L'année suivante, le 23 mai, François Ier compléta la
réhabilitation du comte de Charny en le rétablissant dans
ses fonctions de gouverneur et d'amiral.

Ces exorbitantes et capricieuses variations dignes des
despotes de l'Orient, étaient, selon l'expression d'un
judicieux historien, aussi pernicieuses à la morale publique
que dégradantes pour l'autorité royale et pour la justice.
Le chagrin ayant miné l'amiral, il ne survécut à sa com-
plète réhabilitation qu'un an environ, étant mort le
1er juin 1543 [1].

---

[1] Il fut inhumé dans la chapelle d'Orléans de l'église des Céles-
tins à Paris, où l'on voyait sur son tombeau sa statue en marbre
blanc que le roi y fit placer. (Brantôme, *Mémoires*. — Le Laboureur,
Additions aux Mémoires de Castelnau, t. II, l. VII, p. 617, in-folio.)

Du fond de ses splendides retraites de Chantilly et d'Ecouen, le connétable de Montmorency avait suivi d'un œil anxieux toutes les péripéties de cette inique procédure, dont il avait été le principal instigateur. En voyant la grande renommée de l'amiral mise en lambeaux par la justice, sa tête altière et superbe avait éprouvé un rayonnement de bonheur, qui fut, il est vrai, de courte durée, car une profonde déception lui succéda bientôt, lorsque les larmes d'Anne de Pisseleu, *la plus belle des savantes, et la plus savante des belles*, selon le langage de ses contemporains, arrachèrent de la clémence royale le pardon du comte de Charny.

Après la disgrâce de Charles de Bourbon, du connétable Anne de Montmorency et de l'amiral Chabot de Brion, vint celle du chancelier Poyet. Ses relations avec Montmorency et sa conduite dans le procès de l'amiral [1] lui avaient attiré de nombreuses inimitiés à la cour. Parmi ses adversaires les plus redoutables étaient : la puissante duchesse d'Étampes ; Henri d'Albret, roi de Navarre ; sa femme, Marguerite de Valois, sœur du roi ; le dauphin et le cardinal de Tournon. Le roi, dont les finances étaient fort obérées par ses fastueuses dépenses, entra facilement dans le complot pour reprendre au chancelier la fortune dont il l'avait gratifié [2]. Un vain prétexte,

---

[1] Il avait opiné pour la mort de Philippe Chabot.

[2] La vie de François Ier offre un étrange contraste de cupidité et de prodigalité. Ce qu'il donnait d'une main à ses ministres il le retirait de l'autre. La dernière phase de l'existence du chancelier Duprat, comme celle de l'amiral Chabot et de Poyet, en est une preuve. Le vieux cardinal-légat auquel la fortune avait toujours souri, éprouva, en 1534, l'ardent désir de succéder au pape Clément VII, qui était allé dans l'éternité rejoindre ses prédécesseurs. Quoique téméraire ce projet semblait réalisable à Duprat, qui s'empressa de le communiquer au roi. « Cette élection coûterait trop cher, s'écria François Ier ; l'appétit des cardinaux est insatiable : je

comme toujours, fut le prélude de la lutte dans laquelle Guillaume Poyet succomba. La reine de Navarre le sollicitait un jour pour un de ses domestiques qui avait enlevé une riche héritière ; ce qui, aux yeux de la spirituelle auteur de l'*Heptameron*, n'était qu'une peccadille. Tandis qu'elle plaidait chaleureusement la cause de son valet, entra la Renaudie, un des protégés de la duchesse d'Étampes. Cet homme avait entamé une procédure injuste contre le savant Jean du Tillet, greffier en chef du Parlement de Paris. Appréciant les droits de son subordonné, Poyet s'était déjà opposé à les sacrifier à des intrigues de cour. Cette fois, La Renaudie remit au chancelier, avec un ordre de François Ier, des *lettres royaux*, qu'il avait antérieurement refusé de sceller, à moins qu'on n'y apportât certaines modifications. En voyant cet ordre, Poyet ne put contenir son indignation. Prenant les lettres du roi, il les montra à Marguerite de Valois en lui disant : « Voilà le bien que les dames font

le connais, et je ne saurais l'assouvir. — Sire, répondit Duprat, la France ne supportera pas cette dépense, j'y saurai personnellement pourvoir : 400,000 écus sont prêts à cet effet. — Où avez-vous pris tout cet argent ? » dit le roi avec mécontentement. Et il lui tourna le dos. Le lendemain une partie des biens du cardinal-ministre était saisie. Duprat avait soixante-douze ans, il était malade ; sa disgrâce l'affecta singulièrement et aggrava sa maladie. « Voilà donc, s'écriait-il, peu d'heures avant sa mort, la gratitude du roi et la récompense accordée au ministre dévoué qui l'a servi de corps et d'âme ! » François Ier, instruit de cette plainte amère, se contenta de dire en riant : « Le cardinal a-t-il à se plaindre ? Je ne lui fais que ce qu'il m'a toujours conseillé de faire aux autres. » Paroles qui doivent être à jamais flétries, car elles révèlent l'ingratitude jointe à la légèreté. Le chancelier Antoine Duprat avait longtemps et utilement servi François Ier. (Cf. M. Edouard Faye de Brys, *Trois magistrats français du seizième siècle.*) Mais ce n'était pas aux yeux de ce souverain un titre suffisant à sa reconnaissance. Seules, ses maîtresses eurent le privilége d'obtenir ses faveurs et de les conserver.

« à la cour ; elles ne se contentent pas d'y exercer leur
« empire, elles entreprennent même de violer les lois et
« de faire des leçons aux magistrats les plus consommés
« dans l'exercice de leur charge. » Ce langage sévère
blessa l'amour-propre de la sœur du roi, qui prit pour
elle les reproches à l'adresse de la duchesse d'Étampes,
et aussitôt la perte de Poyet fut jurée. Comme François Ier
résistait rarement aux paroles séductrices des femmes,
la reine de Navarre profita de l'influence qu'elle avait sur
son frère, pour lui persuader qu'il était dangereux de
maintenir le chancelier dans ses hautes fonctions après
l'avoir froissé ; pouvant perdre la France en révélant à
l'empereur Charles-Quint, par un sentiment de ven-
geance, les grands secrets d'État auxquels il était initié.
Cette subtile dénonciation est peut-être le seul reproche
de ce genre qu'ait mérité la sentimentale et infortunée
Marguerite de Valois.

Guillaume Poyet fut arrêté par le sieur de Nancey
le 2 août 1542, à Argilly [1], en Bourgogne, où était la
cour, « pour les plaintes de pilleries, et grandes exactions, que l'on disoit avoir été faites par ledit chancelier [2]. » On l'emprisonna d'abord dans la forteresse
d'Argilly, puis on le conduisit à Bourges et de là à
Paris, où on l'enferma dans la fameuse Bastille Saint-
Antoine.

Comme les fonctions de chancelier de France étaient
inamovibles et que le titulaire ne pouvait en être déposs-
sédé que par un jugement solennel, le roi ne put enlever à Poyet son titre de chancelier, mais il reprit les
sceaux, dont il confia la garde le 9 août, étant à Lyon, à
François de Montholon, seigneur du Vivier et d'Au-

---

[1] Argilly est situé à 12 kil. de Baune (Côte-d'Or).
[2] François du Chesne, *Hist. des Chanceliers de France*, p. 586.

bervilliers, président au Parlement de Paris [1]. Montholon était l'ancien adversaire de Poyet dans l'affaire du connétable de Bourbon. François Ier avait apprécié ses talents oratoires, ayant assisté incognito aux débats de cette mémorable affaire. Pressé de se rendre en Italie pour y faire la guerre, il ne put avant son départ, recevoir le serment du nouveau garde des sceaux. Toutefois, il chargea le cardinal de Tournon, qui était son lieutenant général à Lyon, de le représenter dans cette circonstance. Ce fut entre ses mains qu'il prêta le serment d'usage.

A cette époque la charge de chancelier de France était non seulement la première dignité de la magistrature, mais de l'État [2]. Toute l'administration intérieure et extérieure rentrait dans ses attributions. C'était un cercle immense au centre duquel tous les ressorts du royaume convergeaient. Malgré sa vaste étendue qui s'étendait jusqu'aux États conquis en Italie, l'ambition

---

[1] En 1539, *les Grands-Jours d'Angers* avaient été présidés par François de Montholon. Le 25 août, lorsqu'il fit son entrée dans la ville, avec les officiers du Parlement de Paris qui l'accompagnaient, il fut reçu par Guy Pierre, chancelier de l'Université d'Angers, et par trois chanoines de la cathédrale, délégués par le chapitre de l'Église d'Angers. Ils lui offrirent, ainsi qu'aux autres membres du Parlement qui étaient avec lui, les prières de l'Église et un logement dans la Cité. (Brossier, *L'ami du secrétaire*, t. II, in-folio. — Manuscrit de la Bibliothèque d'Angers, n° 656.)

[2] Le chancelier de France était président-né du Grand Conseil. Les cours souveraines lui rendaient les premiers honneurs après le roi et il avait seul le droit d'y présider. Il ne portait jamais le deuil pour quelque motif que ce fût. Sa maison était ornée de fleurs de lys comme représentant la personne du roi. Dans les conseils il opinait le premier après les princes du sang, et au Parlement, lorsque le roi y tenait un lit de justice, il précédait le connétable et était assis à gauche devant le souverain, dans une chaise à bras, couverte de l'extrémité du tapis, semé de fleurs de lys, qui était sous les pieds du roi.

le Guillaume Poyet en avait trouvé les limites encore trop étroites. Il s'était fait recevoir prêtre [1], pour revêtir la pourpre romaine, comme ses prédécesseurs Georges d'Amboise et Duprat, voulant dominer non seulement dans les affaires de l'État, mais dans celles de l'Église. Le roi avait paru accéder à ses désirs, déjà il lui avait donné deux riches abbayes, auxquelles il voulait ajouter l'archevêché de Narbonne [2] avec le chapeau de cardinal, qu'il sollicitait pour lui à Rome, quand survint sa disgrâce.

Après l'incarcération du chancelier, Pierre Rémond, conseiller d'État et Nicolas Hurault, conseiller au Parlement de Paris, saisirent ses papiers par commission scellée du grand sceau. Lorsqu'ils eurent été examinés, on rapporta au Trésor des Chartes les titres originaux et les papiers du trésor qu'on plaça avec ceux trouvés chez les chanceliers Duprat et Du Bourg, dans quinze grands coffres, appelés depuis *les coffres des chanceliers* [3].

François Ier étant à Evreux, le 5 avril 1543, il adressa au Parlement de Paris des lettres pour lui ordonner de poursuivre sans délais le procès de Guillaume Poyet et en même temps il nomma des commissaires pour l'instruction de ce procès. Le scandale et les abus qui avaient

---

[1] Hugues du Tems dit que Guillaume Poyet fut abbé de Notre-Dame de Bardoues, diocèse d'Auch, avant de se marier (*Le clergé de France*, t. I, p. 428); c'est une erreur, il vécut toujours dans le célibat. Dans ses *Antiquités d'Anjou* (p. 484), Jean Hiret affirme que le chancelier Poyet avait eu un fils nommé René Poyet, qui fut brûlé vif à Saumur, en 1552, parce qu'il était luthérien. Cette assertion de Hiret ne se trouve confirmée par aucun titre de la maison Poyet. Si réellement René Poyet a eu pour père le chancelier, il n'a été que son *fils naturel*.

[2] Garnier, *Hist. de France*, t. XXV, p. 284.

[3] *Mémoires de l'Académie des Inscriptions et Belles-Lettres*, t. XXX. p. 718.

déshonoré la justice dans la procédure intentée contre l'amiral Chabot de Brion, allaient se renouveler dans le procès du chancelier. Le roi, qui à tout prix voulait sa ruine, choisit pour son procureur général, Pierre Rémond, président au Parlement de Rouen, une des créatures de la duchesse d'Étampes. A ce servile adulateur le roi adjoignit comme substitut Bourgeois, président des requêtes du Parlement de Dijon, et pensionnaire de l'amiral Chabot. En faisant connaître ce choix au Parlement de Paris, il ordonna que Rémond et Bourgeois assisteraient au rapport du procès, jusqu'au moment de la délibération. Le Parlement protesta contre cette innovation attentatoire ; mais il se désista bientôt de son opposition par la menace de lettres de cachet, ainsi que l'atteste une missive du roi au cardinal de Meudon.

Lorsqu'on soumit à Poyet la liste des magistrats désignés pour juger son procès, il en récusa un grand nombre. François Ier eut égard à ces récusations et composa une nouvelle commission. Par ordonnance du lundi 7 avril, il nomma pour juges : André Guillard, premier président au Parlement de Paris ; François Laage, Antoine Minart, Jean de Goüy et André Baudry, présidents aux enquêtes du Parlement de Paris ; Nicole Sanguin, Nicole Hennequin, Nicole Molé, Robert Berzeau, Pierre Bardin, Guillaume Abot, Jacques de Ligneris, rapporteur, Claude le Voix, Nicole le Sueur, Jacques de Varade, Louis Allegrin, Etienne Saulcier, Pierre Grasin, Anger Pinterel, Jean de Longuejoue, Guillaume Lhuillier et Jean Boisleve, conseillers au Parlement de Paris, Pierre de Saignes et Jean de Ausone, conseillers au Parlement de Toulouse, Pierre Boucher et Briant de Vallée, conseillers au Parlement de Bordeaux, Aymard Rivalis et Félix Guerre, conseillers au Parlement de Grenoble, Louis Petremol, conseiller et enquêteur au Parlement de Rouen, Louis de l'Estoile, grand rapporteur en la chancellerie de France; enfin, Claude Grachet, Jean de Morvilliers, Claude Thomas et Pierre Parpas, conseillers au Grand Conseil [1].

Le même jour, les commissaires Guillard et Baudry, ainsi que le procureur général Rémond et son substitut Bourgeois, se rendirent dans l'après-midi à la Bastille, afin de soumettre au chancelier les noms des nouveaux commissaires. Poyet comparut devant eux, assisté de Pierre de Masparant, greffier de Guienne, qui était le mandataire de ses intérêts. Le chancelier écouta attentivement la lecture de l'ordonnance, et répondit : « qu'il « n'avoit quant à présent cause de recusation à l'encontre « des dessusdits, nonobstant que par cy-devant il ait « baillé causes de recusation par écrit à l'encontre dudit « Sanguin, pour estre oncle dudit Rémond, président « desquelles quand audit Sanguin il se desiste et depart, « voulant et requerant qu'il soit en son dit procez. » Puis il ajouta : « Toutefois que ou cy-après il luy viendroit « de nouveau à connaissance causes de recusation à l'en- « contre des dessusdits en nombre de trente quatre, ou « aucuns d'eux, de les pouvoir proposer et alléguer, sup- « pliant très-humblement d'estre reçue [2]. »

Dès lors la procédure commença ; elle fut longue et minutieuse. François Ier en suivit avec une certaine anxiété les différentes péripéties. A peine avait-il fait incarcérer Poyet qu'au mois d'août 1542, il publiait de Valence une déclaration, portant que les chanceliers ne pourraient à l'avenir pourvoir à aucun office, ni prétendre aux confiscations opérées sur les faussaires du

---

[1] *Procez fait à Messire Guillaume Poyet, chancelier de France, ès années 1543 et 1544,* f° 1 et 2 v°. — Manusc. de la Bibl. imp., fonds de Harlay, n° 58.

[2] François Du Chesne, *Hist. des Chanceliers de France,* p. 587-588.

sceau [1]. Cette ordonnance, qui ne fut pas observée, avait pour but de dégager la culpabilité du roi dans les reproches de concussion imputés au chancelier. Ces reproches portaient principalement sur la vente des offices judiciaires qui relevaient de sa charge. En prêtant son concours à ce trafic, en faveur du trésor royal, Poyet n'avait fait que suivre les errements de ses prédécesseurs. Car c'était le cardinal Duprat qui le premier, en France, avait introduit la vénalité des charges de la magistrature pour remédier à la pénurie des finances de l'État, épuisées par les revers militaires et les fastueuses dépenses du roi. En conférant les offices de judicature aux plus grands enchérisseurs, Antoine Duprat n'avait pas cru abaisser la dignité de la justice, mais faire tourner au profit du trésor une spéculation dont les hauts seigneurs tiraient un immense avantage, par la vente qu'ils faisaient de leur appui. Ce n'était pas détruire le mal, c'était le déplacer ; toutefois on ne peut nier que ce déplacement ne fût utile et profitable. Aussi Du Bourg et Guillaume Poyet se gardèrent-ils d'y remédier, se trouvant comme Duprat, en présence d'un trésor vide dont les ressources étaient d'avance compromises.

A ce reproche de vénalité illégale on s'efforça d'en joindre d'autres contre Poyet, dont le procès offrit les mêmes scandales que celui de l'amiral Chabot. Car François Ier pour rendre plus certaine la condamnation du chancelier, avait donné d'avance au président de la commission judiciaire, comme dans le procès du comte de Charny, les biens qui seraient confisqués sur l'accusé.

Le garde des sceaux Montholon, qui, de concert avec le roi, dirigeait la procédure intentée contre le chan-

---

[1] *Chanceliers et Gardes des Sceaux de France*, f° 629. — Mss. de la Bibl. imp., fonds de Harlay, n° 73.

celier, n'eut pas la satisfaction d'en voir le dénoûment, étant décédé à Villers-Cotterets le 12 juin 1543[1]. Le même jour François Ier choisit pour succéder à Montholon un habile jurisconsulte, originaire de l'Anjou, François Errault, chevalier, seigneur de Chemans, près de Durtal[2]. Avant d'avoir la garde des sceaux, ce magistrat distingué avait été nommé conseiller au Parlement de Paris en 1532, puis président au Parlement de Turin, enfin maître des requêtes en 1541, après la mort du savant helléniste, Guillaume Budé, l'un des amis les plus dévoués de Poyet.

François Errault ne tint pas longtemps les sceaux. Peut-être que la sympathie qu'il éprouvait pour son compatriote, le chancelier, ne fut pas étrangère à sa destitution, qui eut lieu en 1544. Il survécut peu de temps à cette disgrâce, étant mort le 3 septembre de la même année[3]. Mathieu de Longuejoue, évêque de Soissons, qui avait été déjà pourvu de la garde des sceaux après la mort d'Antoine Du Bourg et en attendant que Guillaume Poyet eût reçu ses lettres de provision, succéda à François Errault. Le roi lui retira les sceaux l'année suivante pour les donner à François Olivier, chevalier, seigneur de Leuville.

Pendant ces mutations, le procès du chancelier suivait lentement son cours. Le 28 avril 1544, Guillaume Poyet fut transféré de la Bastille dans la chambre de la Tour Carrée du palais, avec quatre valets pour le servir. En même temps on plaça auprès de lui sept gardiens, sous

---

[1] Son corps fut rapporté à Paris et inhumé dans une chapelle de l'église de Saint-André-des-Arcs.

[2] François Errault était fils d'Antoine Errault, seigneur de Chemans et de Roberte de Bouillé, fille de Louis de Bouillé, seigneur du Bourgneuf.

[3] Ses armes étaient : *d'azur, à deux chevrons d'or.*

les ordres de l'huissier Nicolas Carat. Ils avaient pour mission de veiller jour et nuit sur sa personne et sur celle de ses serviteurs. Cette active surveillance coûtait chaque jour à l'État soixante-quatre sols parisis [1].

Le lendemain de l'incarcération de Poyet au palais, la veuve de l'amiral Chabot, Françoise de Longuy, présenta une requête pour être admise à faire valoir ses griefs contre le chancelier, ainsi qu'elle y était autorisée par lettres du roi, datées du 6 avril. La cour admit son intervention. Le 7 mai, on commença à recevoir la déposition des témoins. Huit jours plus tard (15 mai), on fit subir à Poyet un premier interrogatoire. Le roi vint après déposer en personne que le chancelier avait falsifié le sceau pour s'approprier les deniers de l'audience de la chancellerie. D'autres fautes furent articulées contre lui dans le cours des débats, notamment d'avoir créé à prix d'argent de nouvelles érections d'offices, d'avoir dépouillé les titulaires, de s'être approprié des biens appartenant à des condamnés, de s'être fait donner par le pape l'archevêché de Narbonne, d'avoir altéré de sa main la minute du jugement rendu contre l'amiral Chabot, etc. Ce fut dans le cours de cette affaire que Poyet, malgré son habileté consommée dans la procédure, demanda l'assistance d'un conseil pendant les interrogatoires ; ce qui lui fut refusé par les commissaires en vertu de l'article 162 de l'ordonnance de 1539 ; on le priva même de toute autre communication, hormis celle du greffier Pierre de Masparant, en lui disant : *Patere legem quam ipse tuleris.*

Dans l'isolement de sa longue captivité préventive, le chancelier put apprécier ce qu'attirent d'inimitiés sur

---

[1] *Procez fait à Messire Guillaume Poyet*, etc., — Mss. de la Bibl. imp., fonds de Harlay, n° 58, f° 190 v° et r°.

eurs auteurs les meilleures réformes. Car tout le monde
en voulait à Poyet, dit le savant M. Michelet, pour ses
belles ordonnances qui fermaient le trésor aux courtisans. Son procès reprit son cours en 1545. Il se plaida
dans la salle de Saint-Louis, au palais. Martin Berruyer,
notaire et secrétaire du roi, l'un des quatre notaires du
Parlement, rédigea la procédure [1]. Enfin, le 24 avril,
Poyet fut tiré de sa prison et conduit au Parlement pour
entendre sa sentence. Ce n'était plus le temps, où, en-
touré d'honneurs, il se rendait dans cette salle célèbre
pour accompagner le roi lorsqu'il y tenait son lit de justice, ou pour y siéger lui-même en souverain. Tous les
membres des chambres réunies, vêtus de robe et de
chaperons écarlates [2], occupaient leurs places respectives.
Quand l'accusé fut introduit on ouvrit au peuple les portes
de la salle [3]. Guillaume Poyet se plaça alors au milieu du
prétoire ; une de ses mains était appuyée sur le bureau
du greffier. Il avait pour vêtement une robe de taffetas,
fourrée de martre, avec la cornette de même. Sa belle
tête, ornée d'une longue barbe blanche [4], était nue ; sa
physionomie impassible. Il écouta sans émotion visible

---

[1] *Procez fait à Messire Guillaume Poyet,* etc. — Mss. de la Bibl.
imp., fonds de Harlay, n° 58.

[2] *Ibid.,* f° 188 v°.

[3] François Du Chesne, *Histoire des Chanceliers de France,*
p. 588.

[4] Il n'existe pas de portrait authentique de Guillaume Poyet.
Dans le département des estampes à la Bibliothèque impériale, il
s'en trouve trois qui diffèrent notablement les uns des autres, et
donnent une très-médiocre idée de l'homme illustre qu'ils repré-
sentent. Deux de ces portraits sont gravés sur bois et le troisième
sur cuivre. Ce dernier fait partie de la collection de portraits
d'Angevins célèbres que Claude Menard avait fait exécuter, longtemps après la mort de Poyet, pour orner son *Peplus Andegavensis,*
ouvrage qui est resté manuscrit. Les cuivres gravés de Claude
Menard sont maintenant au Musée des antiquités d'Angers.

la lecture que fit Martin Berruyer, de l'arrêt conçu en termes très-vagues[1], qui le dégradait de son office de chancelier, le déclarait inhabile à tenir jamais office royal et le condamnait à cent mille livres parisis d'amende envers le roi.

Après la lecture des longs considérants de cet arrêt, Guillaume Poyet s'inclina et dit avec calme : « *Je re-* « *mercie Dieu de sa bonté, et le roy de la sienne; Dieu* « *luy doint tenir ses affaires en bonne prospérité, et à* « *moy grâces de faire prières à Dieu qui luy soient* « *agréables* [2]. » Puis un huissier lui enleva les insignes de sa charge et jeta sur ses épaules un manteau court. On le remit ensuite, par ordre du roi, à Christophe de Bargory, lieutenant du capitaine de la Bastille, pour qu'il soit détenu dans cette prison[3], en vertu de l'arrêt qui le condamnait à être « confiné durant le temps et espace de cinq ans, en telle ville et sous telle garde qu'il plaira au roi ordonner[4] », en garantie du paiement de l'amende.

François Ier témoigna une vive colère en apprenant que Poyet, contre lequel il avait déposé, n'était pas condamné à mort. Il dit aux commissaires qui lui communiquèrent l'arrêt : « Dans ma jeunesse, j'avais ouï dire « qu'un chancelier perdant son office devait perdre la « vie. » Alors, il donna des ordres pour que le jugement

---

[1] Malgré le zèle des commissaires, aucun des griefs imputés au chancelier Poyet n'avait pu être suffisamment prouvé. A défaut de grandes concussions, on lui reprocha d'avoir reçu illicitement d'Angers des ardoises, lorsqu'il faisait construire son hôtel près du quai des Augustins, nommé depuis hôtel de Nemours.

[2] Abraham Tessereau, *Hist. chronologique de la chancellerie de France*, t. I, liv. II, p. 99.

[3] *Procez fait à Messire Guillaume Poyet*, etc., f° 189 v°. — Mss de la Bibl. imp., fonds de Harlay, n° 38.

[4] Abraham Tessereau, *Hist. chronologique de la chancellerie de France*, t. I, liv. II, p. 99.

fût annulé et le procès recommencé. Toutefois il finit par se calmer et rendit la liberté à Guillaume Poyet, avant qu'il eût complétement satisfait au paiement de l'amende.

L'âme profondément blessée, l'ex-chancelier de France alla cacher les amertumes de son cœur dans l'hôtel qu'il avait fait construire près du quai des Augustins [1], où il vécut triste, abandonné, comme les grandes illustrations frappées par l'adversité.

Tous les magistrats, les jurisconsultes qui lui devaient leur fortune et se courbaient devant lui quand il était au pouvoir, lui tournèrent le dos avec mépris. Malgré ces insultes, le grand et infortuné législateur Poyet, éprouvait une secrète consolation en allant dans le sombre palais de la justice, témoin des succès oratoires de sa jeunesse, pour y donner des conseils aux opprimés qui avaient recours à la vaste étendue de ses connaissances juridiques.

De même que l'amiral Chabot de Brion, Guillaume Poyet ne put longtemps survivre à ses infortunes. L'air impur des prisons avait empoisonné sa vigoureuse constitution. Il décéda obscurément, au mois d'avril 1548, à l'âge de 74 ans et fut inhumé, sans honneurs, dans l'église des Grands-Augustins, à Paris [2].

---

[1] Guillaume Poyet ne mourut pas dans l'indigence comme quelques auteurs l'ont prétendu. De son aveu, il lui restait en sortant de la Bastille 10,000 livres de rentes. Dans ce chiffre étaient sans doute compris son hôtel et le revenu de ses deux abbayes qu'il conserva jusqu'à sa mort. Il ne fut donc pas obligé de faire l'école aux petits enfants pour subvenir à son entretien ainsi qu'on l'a avancé.

[2] François Ier étant descendu quelques mois avant Poyet dans la tombe, le connétable de Montmorency avait repris aussitôt à la cour ses hautes fonctions: ou ne voit pas qu'il se soit souvenu alors de l'ex-chancelier.

Telle fut l'existence de l'homme célèbre, qui, dans l'intérêt de l'humanité, avait essayé de remédier aux lenteurs de la justice, de rogner les griffes des procureurs, de leur ôter les faux-fuyants et l'obscurité du latin. A ces bienfaits il avait encore ajouté celui d'avoir limité la justice ecclésiastique et supprimé ces appels fantasques du plaideur qui, sentant sa cause mauvaise, la tirait du bailliage royal, pour la porter devant l'évêque.

Ces grandes réformes étaient plus qu'il n'en fallait pour susciter contre leur auteur de nombreux ennemis. Mais, ni l'ingratitude du roi, ni le mépris de ses courtisans, n'empêchèrent les belles ordonnances de Guillaume Poyet de survivre à sa disgrâce et son nom de passer à la postérité.

TABLE DES MATIÈRES

ANGERS, IMP. P. LACHÈSE, BELLEUVRE ET DOLBEAU.